한국외국어대학교 국제지역연구센터 **4**
HK+국가전략사업단 지역인문학 총서

북방연구 시리즈: 우리에게 북방은 무엇인가

북방: 번영의 경제,
평화 외교의 축

김진형

현 한국외국어대학교 국제지역연구센터 HK+국가전략사업단 연구교수
미국 미주리대학교 응용경제학과 졸업. 삶의 질, 지속가능성을 고려한 공간경제와
자본이론을 주제로 박사학위를 받음.
논문으로는 「Changes in the Distribution of Migrant Labourers and Implications
of Comprehensive Wealth in China's Urbanisation」, 「The Shale Oil Boom and
Comprehensive Wealth of the Bakken Region of North Dakota」, 「중국 도시화과
정에서 인구 이동 패턴과 지역 불균등 분석, 2006-2018」, 「Comprehensive Wealth
Measurement and Spatial Hedonic Analysis: Social Capital and Social Amenities」
등 다수.

E-mail: kimjh@hufs.ac.kr

북방: 번영의 경제,
평화 외교의 축

초판인쇄 2021년 12월 31일
초판발행 2021년 12월 31일

지은이 김진형
펴낸이 채종준
펴낸곳 한국학술정보㈜
주 소 경기도 파주시 회동길 230(문발동)
전 화 031) 908-3181(대표)
팩 스 031) 908-3189
홈페이지 http://ebook.kstudy.com
E-mail 출판사업부 publish@kstudy.com
출판신고 2003년 9월25일 제406-2003-000012호

ISBN 979-11-6801-315-5 94340
ISBN(세트) 979-11-6801-311-7 (전 10권)

한국외국어대학교 국제지역연구센터 ❹
HK+국가전략사업단 지역인문학 총서

북방연구 시리즈: 우리에게 북방은 무엇인가

북방: 번영의 경제,
평화 외교의 축

김진형 지음

이 책은 2020년 대한민국 교육부와 한국연구재단의 지원을 받아
수행된 연구임(NRF-2020S1A6A3A04064633)

북방연구 시리즈:
우리에게 북방은 무엇인가?

　본 북방연구 시리즈는 한국외국어대학교 국제지역연구센터 HK+국가전략사업단의 "초국적 협력과 소통의 모색: 통일 환경 조성을 위한 북방 문화 접점 확인과 문화 허브의 구축"이라는 아젠다의 2년차 연구 성과를 담고 있다. 총 10권의 책들로 구성되어 있는 시리즈는 아젠다 소주제의 하나인 '우리에게 북방은 무엇인가'라는 질문에 대한 연구진의 답변으로, 2021년 한 해 동안 일간 디지털타임스에 매주 '북방문화와 맥을 잇다'라는 주제로 연재됐던 칼럼들을 기초로 작성되었으며 아래 세 가지에 주안점을 두고 집필하였다.

　첫째, 간결하고 평이한 문체를 사용하고자 노력하였다. 사업단의 연구내용을 관련 분야에 종사하는 연구자 및 전문가는 물론 일반대중과 학생들도 쉽게 읽고 이해할 수 있기를 바란다.

둘째, '우리에게 북방은 무엇인가?'라는 질문에 답하는 과정에서 가능한 다양한 시각을 포괄하고자 노력하였다. 정치와 외교, 국가전략, 지리, 역사, 문화 등 다양한 입장에서 살펴본 북방의 의미를 독자 대중이 쉽게 이해할 수 있기를 바란다.

셋째, 통일이라는 목적성을 견지하면서 북방과의 초국적 협력 및 소통이 종국적으로 한반도와 통일 환경에 미칠 영향에 대해 다양한 시각으로 접근하였다.

통일은 남과 북의 합의는 물론 주변국과 국제사회의 협력이 필수적인 지극히 국제적인 문제다. 그리고 북방과의 관계 진전은 성공적인 통일 환경 조성에 필수적 요소다. 본 시리즈가 북방과의 초국적 협력을 통한 한반도 통일 환경 조성에 미약하나마 기여할 수 있기를 기대한다.

2021년 12월
집필진을 대표하여
HK+국가전략사업단장 강준영

목차

01

북방지역이란

■ 들어가며

현재 북한과 연계된 한반도 평화의 문제는 동북아를 넘어서는 광범위한 행위자들에게 영향을 미치고 있다. 국제질서에서 동북아를 넘어서는 평화기반 확대와 경제적 번영의 지속성을 위해서 한국은 주요 행위자로서 그 역할을 확대해 나가야 한다. 본 저서는 동북아를 넘어서는 평화기반 확대와 경제적 번영의 축으로서 남북관계로 인해 지리적 연속성이 단절된 북방지역에 대한 이해를 높이고 그에 따른 평화와 경제협력 방안을 모색하고자 한다. 이를 통해 평화에 기반을 두는 한반도 통일 환경 조성과 동시에 국제사회에서 한국이 지속적인 세계평화 확대와 경제발전에 이바지하는 중요한 행위자로서 한 걸음 더 내딛게 되길 기대한다.

■ 북방지역은 어느 곳을 가리키며 어떤 의미가 있는가?

그림 1. 신북방정책 대상 국가 (출처) 필자 구성

　2021년 대통령 직속 북방경제협력위원회의 정의에 따라 북방지역의 범위는 대륙, 지역, 국가 단위로 나누어 살펴볼 수 있다. 먼저, 대륙 단위로 분류한다면 북방지역은 유라시아 국가 중에서 한반도 북쪽에 있는 지역이나 국가의 모임을 가리킨다. 지역 단위 분류로는 동북아시아, 중앙아시아, 러시아, 코카서스 3국, 동부 유럽 3국이 포함된 5개 지역으로 구성된다. 북방지역의 해당하는 국가는 좁은 영역에서는 러시아, 중국(동북 3성), 몽골, 카자흐스탄, 우즈베키스탄, 키르기스

스탄, 타지키스탄, 투르크메니스탄, 터키를 포함한 9개 국가가 위치한 지역을, 넓은 영역에서는 터키를 제외하고 벨라루스, 우크라이나, 조지아, 몰도바, 아르메니아, 아제르바이잔 등 구소련 6개 국가를 더 포함하여 14개 국가를 지칭한다. (그림 1)

북방지역으로 분류된 14개 국가의 총면적은 2천 4백만 km²로 유라시아 전체 육지 면적의 43%를 차지한다. 총인구는 약 4억 명으로 면적과 비교해 차지하는 인구의 비율은 매우 낮은데 이는 유라시아 전체 인구의 8.6% 정도이다. 지역 평균 1인당 GDP는 5천 달러로 정도로 낮은 편이지만, 2019년 기준 평균 경제성장률은 4.2%로 같은 해 세계 평균 경제성장률 3.3%를 앞섰다. 이는 동년 미국의 경제성장률(4.3%)과 유사하고, 중국의 경제성장률(6.1%)과 비교해도 크게 뒤처지지 않는 수치다.

■ 북방정책의 과거와 현재

북방지역에 관한 정책의 원류(原流)는 1988년 노태우 정부의 수립과 함께 시작되었다. 당시 정부는 한반도의 평화와 번영을 목표로 외교 협력의 범위 및 한민족의 생활권을 확대하기 위해 기존에 이어져 오던 북방외교를 확대하여 북방정책을 실행했다. 이는 기존의 공산권을 향한 적대적 정책의 일부 완화를 가져왔고, 이념대립의 시대상 특성으로 인해 안보 분야의 협력은 극히 제한적이었지만 소련 및 중국에 더해 유라시아 지역 국가들과 경제·외교 분야에서 협력을 증대시켰다고 볼 수 있다. 이어지는 정부들에서도 정책의 라벨은 달리했지만, 꾸준히 북방지역에서의 경제·외교적 협력을 기반으로 한반도 평화 유지와 기반 확장을 위한 지속적인 노력을 이어왔다.

2021년 현재 한국정부의 '신북방정책'은 유라시아 지역과 연계성 강화를 위한 '한반도 신(新)경제지도' 실현으로 표현된다. 이는 성장 잠재력이 크며, 한국과 상호보완적 경제구조를 가진 북방 국가들과의 경제협력이 북한과 연계될 수 있는 평화기반 확대와 지속적인 신성장 동력 확보에 기여하고, 그로 인해 공동번영이 촉진되는 선순환 구조를 형성할 것이라는 전제를 내포한다.

이를 위한 한국 정부의 정책적 목표는 '평화와 번영의 신북방 경제협력 공동체'로 표현되며, 이를 달성하고자 '3대 원칙과 8대 이니셔티브'를 내놓았다. 3대 원칙은 사람, 번영, 평화를 지칭한다. 첫 번째 원칙인 '사람'은 관광객, 학생, 환자를 비롯한 인적 교류의 확대 및 고려인 공동체와의 유대 강화가 이루어진 것을 의미한다. 두 번째 원칙인 '번영'은 코로나19 상황에서도 경제협력이 확대되고 수출과 교역이 다양한 영역에서 큰 폭으로 확대된 것을 가리킨다. 마지막 원칙인 '평화'는 한반도 평화프로세스에 대한 지지가 확보되고 다양한 다자협의체가 개최된 것(남-북-러 3각 협력, 동아시아 철도공동체 구상과 한-러 가스·철도·전력 연계도 이루어짐)을 지칭한다.

8대 이니셔티브는 ①보건의료, ②문화·교육, ③농업, ④금융·혁신 통상 플랫폼, ⑤디지털·그린, ⑥산업·인프라 부문의 협력, ⑦통합 네트워크 구축, ⑧지역별 맞춤형 협력으로 이루어져 있다. 현재 대통령 직속 북방경제협력위원회에서는 각 항목에 대한 70개의 단기 및 장기과제를 진행하고 있다. 2017년 8월 '대통령 직속 북방경제협력위원회' 설립이 공식화된 이후 행정부가 지속적이고 적극적인 실천 의지를 보이며 정책적 행보를 이어가고 있다(예. 2017년 9월에 진행된 동방경제포

럼에서 신북방 비전과 9개 다리 전략 발표 진행, 2018
년 비전·전략·세부 추진과제를 발표, 대통령의 러시
아 국빈 방문, 우즈베키스탄, 카자흐스탄, 투르크메니
스탄을 순방, 한-러 경제 공동위 개최 등).

■ '신북방정책'의 중요성은 무엇인가?

2021년 현 정부의 '신북방정책'의 중요성은 크게 두
가지 기능에서 찾을 수 있다. 첫 번째는 바로 과거로
부터 이어온 안보적 기능이다. 대표적 사례는 1990년
대 북방정책 당시 러시아가 '조·소 우호 협조 및 호
상 원조에 관한 조약'을 폐기하며 북한을 위한 자동
군사 개입 조항을 없앤 것이다. 1990년 이뤄진 한소수교
와 정상회담을 통해 대한민국은 소련에 경협차관을 제
공했고, 이듬해 소련의 붕괴와 이를 계승한 경제난 속
러시아는 차관 일부를 불곰사업을 통해 방산물자로 상
환하고자 했다. 무기를 도입하기 위해서는 사전에 서로
군사정보를 누설하지 않겠다는 '군사비밀보호협정'을
맺어야 하는데, 이는 군사동맹 다음가는 우호적인 군
사 교류 협력으로서 의미가 있는 것이었다. 이후 불곰
사업과 군사비밀보호협정, 정례 국방장관 회담, 함정
교류까지 진행하게 된 상황에서 러시아는 대한민국 요

구에 따라 자동개입 조항의 폐기에 합의하였다. 이는 북방정책을 통한 외교적 노력과 안보협력으로 국제사회 속에서 한국의 생존과 이익에 유리한 조건을 형성한 것이라 볼 수 있다.

두 번째 중요성은 북방지역이 갖는 경제적 기회 및 확장에 관한 배경에 근거한다. 이는 최근 10년 북방지역이 수출과 수송에 있어 새로운 길이자 대안으로 떠오르고 있고, 북방지역을 선도하는 핵심 국가들의 균형 잡힌 발전이 진행되고 있기 때문이다. 먼저, 무역 규모의 추이를 보면, 러시아에서 수주하는 선박, 중앙아시아에 건설하는 플랜트 및 제조 공장 등 기존 조선·중공업의 탄탄함에 더하여 한식이나 한류, K-POP과 같은 유망 소비재 수출이 증가하는 것에 주목해 볼 필요가 있다. 특히, 2010년부터 전반적으로 우상향 지표를 보여준 북방 국가와의 교역 추이는 코로나19 상황으로 불가피하게 하락하기 이전 최초로 총 교역액 중 3%를 넘기기도 했다.

이에 더해, 최근 지구 온난화와 함께 북극항로를 눈여겨볼 필요가 있다. 해양 기상·환경 전문가들은 지구의 기온이 올라가면서 북극의 빙하가 녹고, 이로 인해 계절에 상관없이 연중 최소 100일 이상 북극을 통한 항해가 가능해질 것으로 예측한다. 이로 인해, 부산에서 로테르담을 기준으로 북극항로는 기존 항로 대비 운항 거리가 7,400km 줄어들고, 운항 일수가 10일 단축되어 물류비용 절감이 예상될 것으로 전망된다(윤여상, 해사신문, 2013. 06. 16 참조). 특히, 말라카해협(Strait of Malacca)이나 소말리아 근해 해적의 피해에서 자유롭고, 수에즈 운하의 정치 및 군사적 충돌 가능성을 피할 수 있다는 것도 이점으로 작용할 수 있다.

마지막으로 각 국가의 지방 균형 발전전략을 살펴볼 필요가 있다. 대표적인 예로는 2017년 러시아 대통령령으로 시작된 지방의 경제발전 전략이 2020년 러시아 연방 지적 공간 발전전략으로 구체화한 것을 들 수 있다. 이 정책의 주요 안건 중 협력 가능성을 보이는 요소는 지하자원이 집중 매장된 북극과 극동지역(극동연방관구)을 개발하는 것이다. 특히, 극동은 지금까지 외국인 투자가 아주 적은 상황이라 지리적 접근성과 기술의 신뢰성이 확보된 한국이 접근한다면 상호 이익이 될 것으로 기대된다.

북방지역은 우리에게 새로운 기회의 땅으로서 잠재력을 보인다. 경제적으로 시장의 확대, 수출입의 다변화, 자원의 안정적 수송과 확보와 같은 매력이 있고, 외교·안보적으로는 원교근공(遠交近攻)의 원칙에 따라 새로운 협력 가능성을 내포하고 있다. 북방지역에 관한 정책은 대한민국의 근대부터 이어져 왔으며 현재까지 지속해서 변혁을 겪고 있다. 본고는 북방지역에서의 현재의 성과가 기존에 얻어져 온 다른 지역의 이익보다 조금 부족하다 할지라도 안보적, 경제적 잠재력을 지닌 새로운 기회의 땅으로서 북방지역에 대한 정책뿐만 아니라 사회 모든 영역에서 더욱 관심을 기울일 시기라고 제안한다. 이는 궁극적으로 미래 대한민국의 생존과 이익, 번영의 지속성과 연계될 것이다.

02

북방지역 경제의 이해

■ 북방지역의 경제구조

과거 북방지역의 경제구조는 구소련 중심의 계획경제체제였다. 구체적으로, 공산권 경제협력기구인 경제상호원조회의(Council for Mutual Economic Assistant, COMECON)는 구소련 연방 내부의 위성 국가들이 모스크바의 결정에 따른 분업·생산·교환의 구조적 기능을 가능하게 도왔다. 연방 외부로는 사회주의 이념 전파를 통해 소련의 입지를 굳히고 냉전에서 승리하고자 중국을 비롯한 전 세계 공산국가를 향한 지원이 있었다. 그러나 1950년대 후반부터 시작된 소련 공산당과 중국 공산당 사이의 이념적 대립(중소 분쟁 또는 중소 대립으로 일컬어짐) 이후 중국은 소련과 충돌하며 독자적인 발전의 길을 걷게 된다. 이는 핑퐁외교(탁구를 통해 1971년 미국과 중국이 공식적인 외교 관계를 형성한 사건)를 통해 소련보다 일찍이 미국과의 관계를 개선하고, 과감한 개혁개방을 통한 국제사회와 시장으로의 빠른 통합을 이뤄낸 배경이 되었다. 이런 실용주의적 전략은 중국의 성장 동력으로서 작용하기 시작했다.

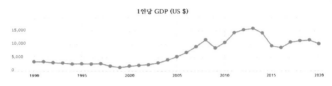

그림 2. 1990년–2020년 러시아의 경제 성장 지표 (GDP per capita) (출처) Word Bank

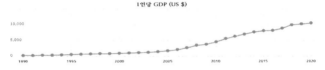

그림 3. 1990년–2020년 중국의 경제 성장 지표 (GDP per capita) (출처) World Bank

이와는 대조적으로 소련의 경제 상황은 점차 악화하여 연방 내외부로 향하는 지원이 크게 줄어들었으며 원조가 경제에 큰 비중을 차지했던 동유럽의 공산 국가들은 오랜 기간 경제난을 겪어야 했다. 지속적인 경기침체와 고질적이었던 민족 문제로 인해 1991년 12월 소련은 붕괴했고 자본주의 사회로 급격한 변화를 맞이하

북방: 번영의 경제, 평화 외교의 축

게 되었다. 이러한 빠른 변화는 러시아를 비롯한 과거 소련에 속했던 동유럽 국가들에 사회·경제적으로 좋지 않은 영향을 미쳤는데 이들 국가가 지금까지도 서유럽 국가들보다 저발전 상태인 이유이기도 하다. 구체적으로, 소련이 붕괴한 1990년과 비교했을 때 최근 러시아의 1인당 국내총생산(GDP)은 3,493달러에서 2020년 10,127달러로 증가하여 불과 3배 정도 성장하는 데 그쳤다. (그림 2) 이와 달리 중국은 국제사회와 시장으로의 신속한 편입, 방대한 내수 시장을 바탕으로 높은 경제성장률을 보이며 현대 북방지역 경제를 구성하는 중심축이 되었다. 동시기를 기준으로 비교한다면 중국의 1인당 GDP는 1990년 318달러에서 2020년 10,500달러로 약 33배 증가하였다. (그림3)

■ **북방지역의 최근 경제구조**

표 1. 북방지역 국가들의 대(對)중국/러시아 수출입 비중
(출처) World Integrated Trade Solution(WITS), 필자 구성

	수출 비중		수입 비중	
	중국	러시아	중국	러시아
벨라루스 (2019)	2% (12위)	41% (1위)	9% (2위)	54% (1위)
우크라이나 (2018)	4% (7위)	7% (1위)	13% (2위)	14% (1위)

	수출 비중		수입 비중	
	중국	러시아	중국	러시아
몰도바(2019)	0.6% (20위)	9% (3위)	10% (3위)	11% (2위)
조지아 (2019)	5% (6위)	13% (2위)	9% (3위)	10% (1위)
아제르바이잔 (2019)	3% (6위)	3% (7위)	10% (3위)	16% (1위)
아르메니아 (2019)	7% (4위)	27% (1위)	14% (2위)	29% (1위)
우즈베키스탄 (2019)	13% (4위)	14% (3위)	23% (1위)	17% (2위)
카자흐스탄 (2019)	13% (2위)	9% (3위)	17% (2위)	36% (1위)
투르크메니스탄 (2019)	82% (1위)	1.5% (6위)	14% (3위)	18% (2위)
타지키스탄 (2019)	10% (5위)	4% (6위)	40% (1위)	23% (2위)
키르기스스탄 (2019)	4% (6위)	14% (3위)	34% (1위)	28% (2위)
몽골(2019)	88% (1위)	0.8% (5위)	33% (1위)	28% (2위)

노트. 순위는 지역을 제외한 순수 국가 사이의 순위이며, 국가별 데이터는 WITS에서 제공하는 최신 년도 기준임.

오늘날 북방지역의 경제구조는 두 핵심축인 중국과 러시아를 중심으로 지역적 수준에서 식별될 수 있다. 지역 수준이란 역내에서 중국과 러시아가 주도하여 이루어진 경제협력이나 연합을 의미한다. 두 국가는 역내 국가 모두를 압도하는 국가의 힘(경제력과 군사력)을 갖고 있으며 이를 바탕으로 새롭고 유의미한 구조를 형성하는 중이다. 특히, 북방지역을 이루는 대부분 국가가 중국과 러시아에 대한 강한 경제적 의존성을 보이므로 중국과 러시아의 지원이 선제되어야 한다는 점은 북방지역 경제를 이해하는데 필수적이다. (표 1) 나아가 중국과 러시아는 신(新)냉전 아래 미국에 대응하며 긴밀한 관계를 유지하는데, 최근 양국이 전면적 전략 협력을 외치면서 국가와 지역 수준 모두에서 밀월이 진행되는 양상을 보인다. 이렇듯 변화하는 북방지역의 정치·경제적 역학구조에 적극적으로 대응하여 대한민국이 북방으로 진출할 새로운 기회를 놓치지 말아야 할 것이다.

지역 수준에서 소련이 유일한 중심이었던 과거와 비

그림 4. 회랑 중심의 일대일로 지역 연계 구조 (출처) 필자 구성

교할 때, 현재는 중국이라는 하나의 축이 더 생겨났다. 현재 중국의 영향력은 다른 북방지역 국가들보다 압도적인 위상을 갖게 되었고, 국제적 수준의 권력을 행사할 수 있을 만큼 성장하였다. 새로운 축으로 부상한 중국은 막강한 경제력을 통해 강대국으로서 노블레스 오블리주의 전략적 프로파간다를 내세우며 자국의 영향력 확대를 위한 경제협력 구조를 형성해 나가고 있다. 대표적 역내 경제협력은 2014년 시작된 중국의 일대일로(一帶一路) 전략이며, 현재까지 중국의 투자를 바탕으로 하는 전 세계 140개 국가와 회랑 구조를 통해 경제적 상호관계를 발전시키고 있다. (그림 4) 또한, 일대일로 국제협력 고위급 포럼, 아시아 인프라 투자 은행(Asian-Infrastructure Investment Bank, AIIB), 역내 경제 동반자 협정(Regional Comprehensive Economic Partnership, RCEP)과 같은 국제적 활동들로 일대일로 전략 내 경제적 상호관계를 보조하고 있다. 이들은 미국의 대(對)중국 경제정책인 환태평양 경제 동반자 협정(TPP)과 아시아로의 회귀(pivot to Asia)에 대한 견제 역할을 하고 있으며, 경제 대립의 최전선이 되어가고 있다.

그렇다면 성장이 더딘 러시아는 어떨까? 러시아의 입

그림 5. 유라시아 경제연합 구성 국가 (출처) 필자 구성
노트. 표시된 지역 외에도 몰도바, 우즈베키스탄, 쿠바가
옵서버로 참여하고 있음.

지가 구소련과 비교했을 때 크게 약화한 것은 부정할 수
없는 사실이며, 특히 1991년 냉전 종식 이후 30년이 지
난 현재까지 경제 부분에서 회생하지 못하고 있다. 이를
타개하기 위해 2009년부터 러시아는 대외교역을 경제 성장
의 주요 요인으로 상정하고 제도적 구축을 시도하고 있다.
비록 크림반도 병합으로 인한 서방의 경제제재와 2018년
월드컵을 끝으로 경기부양 요소가 모두 소진된 불안정한 상
황이 있었음에도 상대적으로 강력한 국력을 바탕으로 지
난 2015년 역내 경제연합인 유라시아 경제연합(EAEU)
을 출범시켰다. 유라시아 경제연합은 벨라루스, 카자흐
스탄, 아르메니아, 키르기스스탄과 같은 구소련 국가들
을 중심으로 설립되었으며 몰도바, 우즈베키스탄, 쿠바가

옵서버로 참여하고 있다. (그림 5) 특히, 유라시아 경제연합은 단일 통화를 기반으로 한 경제체제의 기능을 논의하고, 유라시아 경제위원회를 시작으로 이사회·법원과 같은 기관을 통해 지역 통합의 정치적 기능까지 가능하게 하는 것을 목표로 한다.

■ 중국의 일대일로와 러시아의 유라시아 경제연합의 차이점과 유사점은 무엇인가?

먼저, 중국의 일대일로와 러시아의 유라시아 경제연합은 그 기능과 목표 면에서 다른 점을 보인다. 유라시아 경제연합은 지역 통합으로 나아가기 위한 기구로서의 기능은 가능하나, 현 단계에서 일대일로의 범위와 목표가 더 포괄적이다. 협력 수준에서 보면, 유라시아 경제연합은 경제통합 단계별 관세동맹이고, 일대일로는 중국이 제공하는 투자와 원조를 바탕으로 한 경제협력 구조이다. 협력 방법에서는 유라시아 경제연합이 공동시장을 조성하고 관세를 조율하는 방법을 사용하여 다자 대화가 우선되는 공동체라면, 일대일로는 중국의 투자를 통해 인프라를 조성하거나 무역 원활화를 추진하는 양자 대화가 우선한다. 참가 국가와 협력 규모를 파악하는데도 차이가 있다. 유라시아 경제연합에 참여하는 국가와 경제 현황은 확실한 수치로 표현할 수 있지만, 일대일로는 그보다 불명확한 분류 기준으로 인해 핵심 이념을 제외하고 참여국과 사업 규모를 수치로 명확히 표기하기 어려운 상황이다. (표 2)

표 2. 중국의 일대일로 전략과 러시아의 유라시아 경제연합 비교
(출처) 필자 구성

중심 국가	중국	러시아
협력 구조	일대일로 전략	유라시아 경제연합
협력 수준	경제협력 (기존 이론의 분류와 상이)	관세동맹
협력 방법	인프라 중심 투자 및 플랫폼 구축	공동시장 조성 및 관세 조화
참가 국가	140개 국가 31개 국제기구	회원국 5개 국가 옵서버 3개 국가
경제 규모	9천억 달러 이상 투자 진행 4조 달러 이상 투자 예정	1조 7천억 달러 규모
특이 사항	양자 대화 우선 범위 및 목표 모호 과도한 빚과 불평등 문제	다자 대화 우선 보호주의적 특징 러시아의 추진력 약화

하지만 두 전략적 구조는 모두 중앙아시아에 공통된 관심을 보인다. 중앙아시아는 천연자원과 에너지자원의 보고이자 유라시아 어디로든 통할 수 있는 지리적 이점을 보유한 지역이다. 러시아가 1900년대 초반 해

당 지역을 확보한 이후 지금도 러시아어가 사용되고 있으며 대부분 유라시아 경제연합에 참여하는 등 러시아의 중앙아시아 지역에서의 영향력은 지속적이며 현재까지 유효하다. 최근까지 러시아는 자원 확보와 활용을 위한 안정적 진출로 확보를 위해 즉, 남쪽 카스피해와 인도양으로 향하기 위해 중앙아시아를 다양한 방법으로 묶어두려고 한다. 특히, 러시아에서 일하는 중앙아시아 노동자들이 고향으로 급여를 보내며 만들어진 송금경제는 러시아 경제 상황에 따라 중앙아시아 각 국가의 경제가 좌우될 만큼 고착화되어 기존 체제로의 예속을 지속적으로 가능하게 하고 있다.

중국도 중앙아시아로의 적극적인 진출 의지를 보이며 투자를 확대하기 시작하였다. 중국에게도 중앙아시아 지역은 유라시아 대륙 서쪽으로 진출하는 경유지이자 에너지 운송과 확보에 있어 미국의 봉쇄를 피할 수 있는 비교적 안전한 육로이자 거점지역이다. 중국의 진출 의지와 그에 따른 대(對)중앙아시아 투자확대는 최근 러시아의 경제난으로 인해 성장 동력이 줄어든 중앙아시아 국가들에 경제발전 기회를 제공하고, 러시아를 견제할 균형자가 필요하다는 의견에 부합하고 있으며, 산업의 다각화에 이바지할 수 있다는 점에서 이해 관계가 일치하고 있다. 특히, 중국은 IT 인프라와 산업 기술 투자에 집중하여 러시아가 제공하기 어려운 부분의 이점을 제공하고 있으며 이는 중앙아시아 국가들과의 관계를 더욱 우호적으로 만드는데 도움을 주고 있는 것으로 보인다. 하지만 중국이 중화 문화나 교육을 시도하거나 국가 주권을 침해하는 불공정한 요구사항을 제시한다면 러시아에 도전하는 모양으로 비칠 수 있으며 향후 갈등을 초래할 가능성이 있다.

■ 북방지역 경제구조 현황과 시사점

과거 북방지역 경제구조는 소련 중심의 계획경제 체제였다. 하지만 소련 붕괴와 중국의 성장이라는 요인은 현재 중국과 러시아라는 두 핵심축을 중심으로 하는 지역과 경제구조로 변화시켰다. 특히, 협력과 통합의 개념을 기반으로 일대일로와 유라시아 경제연합이라는 새로운 구조가 형성되었는데, 신냉전이라는 시대적 흐름 아래 해당 구조의 강화와 그에 따른 영향력이 지속될 것으로 예상된다. 일대일로와 유라시아 경제연합은 기능과 수준 그리고 목적을 비롯한 여러 부분에서 차이점을 보이지만, 특정 지역에 관심을 보인다는 점과 서방에 대응해 구조의 영향력 확대를 목표로 한다는 점에서 공통점을 갖는다. 특히, 북방지역에 속하는 모든 국가는 이미 직·간접적으로 둘 중 하나에 참여하거나 연관되어 있으며, 어떤 구조에 속해있더라도 두 중심 국가에게 높은 경제적 의존도를 보이고 있다.

따라서, 대한민국이 북방지역으로의 진출에 성공하기 위해서는 두 핵심축과 연계된 북방지역 각 국의 경제 구조 모두를 고려한 협력 방안을 제안해야만 하며, 그 제안이 대상 전체에게 매력적인 이익을 보장해야 할 것이다. 이러한 준비는 현행 일대일로와 같은 양자협력을 파고들어 외교 문제나 경제 보복을 줄이면서 목표 국가와 상호 호혜적 관계를 형성하는 데 필수적이며, 대상 국가와 중국을 설득하여 대한민국의 역할이 포함된 삼자 협력의 구조로 변환시키는 실마리를 찾는 기회가 될 수 있을 것이다. 나아가 유라시아 경제연합과 같은 다자협력과 관계를 수립하는 노하우를 쌓고 교류를 활성화하는 교두보를 형성함과 동시에 러시아와의 신뢰를 발전시켜야 한다. 이러한 점에서 더욱 주의 깊게 북방지역의 경제구조를 관찰하고 본고를 통해 중요한 함의와 시사점을 고찰할 필요가 있다. 아울러 현 정

부의 신북방정책에서 추구하는 남북러 3각 협력(나지-
하산 물류사업, 철도, 전력망 등), 한-EAEU간 FTA추진
과 중국 일대일로 구상 참여 등을 통한 동북아 주요국
다자협력을 제도화하고 나아가 한반도-유라시아 지역을
연계하는 것에도 기여하게 되길 기대한다.

03

평화 외교 · 안보 안건으로의 접근

■ 교류와 갈등을 반복해 온 북방과 세계

유라시아 지역은 러시아를 중심으로 15세기부터 서쪽으로는 유럽의 세력 다툼에, 남쪽과 동쪽으로는 아시아로의 영토 확장을 통해 영향력을 주고받았다. 중국을 중심으로 하는 아시아 지역은 전방위적으로 중원을 통일하고 안정시키기 위한 노력을 펼쳤고, 청나라 말기부터 독일, 미국, 영국, 프랑스와 같은 열강의 침략을 받아왔다. 이러한 역사적 배경을 통해 두 지역과 중심 국가는 주변에 끊임없이 영향력을 전파하고 수용해왔다. 두 지역은 세계 역사 속에서 균형자 역할을 보여주며 주요 변수로서 국가의 힘을 사용해왔다. 러시아는 나폴레옹 전쟁과 대조국 전쟁을 비롯해 지역 내 힘의 균형이 위태로울 때마다 영향력을 행사하며 유럽의 균형을 지켰고, 중국은 임진왜란과 중일전쟁을 비롯해 역내 질서가 무너질 때마다 자국의 힘으로 전통적인 동아시아 질서를 유지하고자 했다.

두 지역의 직접적 접촉도 존재한다. 서로의 영향력을 미친 첫 번째 사건은 약 800년 전까지 거슬러 올라가는 '타타르의 멍에' 시기이다. '몽골의 멍에'라고도 불리는 이 시기 중원을 통일한 당시 몽골은 서쪽으로의 영토 확장을 지속했고 이로 인해 러시아가 1240년부터 240년간 철저히 짓밟힌 역사가 있다. 이후 17세기에는 제정 러시아가 동진하여 아무르강 (또는 헤이룽강으로도 불림, 러시아·중국·몽골·북한의 유역에 걸쳐 있는 강) 주변에서 청나라와 충돌한 뒤 네르친스크 조약 (당시 조선의 '나선정벌'과 연계되어 있음)이 맺어졌다. 이후 전 세계를 휩쓴 제국주의와 열강의 침략으로 유럽과 아시아, 특히 러시아와 중국은 세계라는 개념 아래 연결되었고, 제2차 세계대전과 냉전을 거치며 국제사회의 주요한 행위자로 자리 잡았다. 소련은 냉전 시기 미국과 패권경쟁을 펼치며 세계를 양분했었고, 중국은 세계 최대의 경제규모를 기반으로 최근 미국과 잦은 마찰의 양상을 보이며 국제사회에서의 영향력을 확장하고 있다. 이는 신냉전으로 불리며 현 국제사회 현황 중 가장 주목받는 이슈이며 세계 각 지역의 정치·경제 시스템에 영향을 미치고 있다.

■ 지금도 북방과 세계는 갈등하고 있는가?
  그렇다면 갈등의 핵심은 무엇인가?

　중국은 시진핑 주석의 집권 이후 굴기(崛起)라는 표현을 적극적으로 사용하며 패권 국가인 미국에 버금가는 영향력 확보를 시도하고 있다. 국제사회에서 중국의 영향력 확대는 이미 90년대부터 실현되고 있는데 특히, 국가의 인구와 자산/자본 증가는 군사력 증강의 주요 구성요소가 된다는 명제를 정확히 보여주고 있다. 중국은 경제를 기반으로 군사를 비롯한 모든 측면에서 미국과 대립하고 있으며, 물리적 충돌이 일어날 위험성도 계속해서 높아지고 있다. 더욱이 이러한 일련의 과정은 북방지역과 세계의 대립이라고 할 수 있다는 점에서 중요한 시사점이 내포되어 있다. 바로 북방지역 내에서 중국의 영향력이 매우 증가했다는 점, 전통적인 북방지역 주 행위자인 러시아와 미국의 대립과 그에 동반하는 중국과의 관계성 변화, 북방지역 내 역학 변화와 이념에 따른 세력 형성이 신냉전 체제에 지속적인 영향을 주고 있다는 점에서 여전히 북방지역이 세계와 갈등 중이라는 것을 시사한다.

■ 중국과 미국의 구체적 갈등 양상은 어떠한가?

그림 6. 미국의 대(對)중국 압박과 중국의 대(對)미국 견제 전략 지도
(출처) 필자 구성

중국의 경제력과 군사력을 중심으로 하는 국력 신장과 그에 따른 필연적 영향력 확대로 인한 미국의 견제가 확연히 드러나고 있다. 중국의 전략은 패권국이자 해양세력인 미국이 장악한 해로에서 벗어나 중앙아시아~서아시아 및 파키스탄을 통과하는 육상 운송으로 에너지와 무역 수출입로를 확보하는 한편, 전통적인 지상군 중심의 군사력을 탈피해 해양에서도 지상군 못지않은 영향력을 확보하는 것이다. 최근 남중국해에서 벌어지는 다양한 분쟁들은 중국의 해양세력 영향력 행

북방: 번영의 경제, 평화 외교의 축

사에 따른 결과라 볼 수 있다. 이에 미국은 인도-태평양 전략을 시작으로 쿼드(미국, 일본, 인도, 호주의 4자 안보 협의체, QUAD)와 오커스(미국, 영국, 호주의 3자 외교·안보 협의체, AUKUS)를 형성하여 해양으로 진출하는 중국을 저지하기 위한 시도를 펼치고 있다. 미국의 남중국해와 대만해협의 수상함, 잠수함, 항공기 배치는 항행의 자유 작전을 기반으로 직접적으로 중국의 해양세력 확장을 저지하는 대표적 사례가 될 수 있다. (그림 6)

해양세력 확보와 확장을 위해 중국은 미국의 항행의 자유 작전에 일일이 대응하는 것은 물론, 미국에 대응하기 위해 군사적 협력의 규모를 키워가며 러시아와의 관계를 강화(예. 2021년 8월 1만 명 이상 참여하는 연합훈련 진행, 2021년 10월 일본 해협을 통과한 뒤 일본 본토를 포위하는 형태의 반발성 작전을 실행)하고 있다. 이러한 군사적 협력과 더불어, 중국은 세계 2위에 달하는 국방비 지출을 통해 군의 현대·거대화를 시도하고 있다. 특히, 해양우세 달성에 필수적인 항공모함 건조가 이루어지고 미국만이 도입 가능했던 전자기식 사출기를 도입하는 등 양과 질 모든 면에서 급격히 발전하고 있다. 중국 해양 전력의 확장은 미국과의 대립 구도를 노골적으로 염두에 둔 것으로 보이며 이는 2021년 11월 10일 중국이 미국 항공모함의 모양을 본뜬 미사일 표적을 제작한 것이 위성사진을 통해 발견되면서 더욱 확실해졌다.

계속되는 미국과의 대립상황은 중국과 지정학적으로 맞닿은 지역과 국가들에 대한 긴장을 높이고 그에 따른 세계 질서에 변화를 가져오고 있다. 인도는 최근 중국과 국경에서 무력 충돌이 발생한 것을 기점으로 미국과의 관계가 더욱 가까워졌고, 호주는 의회 내 간첩과 코로나19 책임론을 바탕으로 2020년부터 중국과 설전을 이어오다 쿼드에 참여하며 갈등이 절정에 달했다. 그러나 가장 위험도가 증가한 지역은 한반도이다. 중국의 직접적 지원을 받으며 사회주의 체제에 속해있는 북한과 미국을 중심으로 하는 민주주의 자유 진영 둘 다에 맞닿아 있는 한국은 신냉전 대립의 최전선이라 볼 수 있다. 특히, 최근 동북아시아의 외교·안보 지형은 북한의 핵무기 보유로 인해 기초부터 흔들리며 위태로운 상황으로 비치기 시작했다. 이는 미·중 갈등에서만의 문제가 아니라, 한반도 평화·통일 환경 조성을 통해 동북아 평화의 축을 형성한다는 대한민국 정부의 목표에도 직접적으로 영향을 미치는 중요한 문제이기도 하다.

　최근 중국의 부상을 배경으로 다시 러시아와 전통적인 사회주의 세력이 형성되고 있는 것처럼 보인다. 또한, 신냉전 국제체제의 형성은 미·중이 충돌하는 인접 지역의 위기감을 고조시키고 있다. 갈등의 원인은 대부분 근대적 안건으로 구성되어 있으며 이는 ①군사적 충돌 ②외교적 충돌 ③경제적 충돌로 구분될 수 있다. 군사적 충돌은 남중국해와 대만해협에서 발생하는 해양력의 대립으로, 외교적 충돌은 일대일로와 QUAD, AUKUS의 갈등과 신냉전 체제의 형성으로, 경제적 충돌은 미국과 중국의 무역 전쟁을 바탕으로 호주와의 석탄, 일본과의 희토류, 한국과의 요소 수출 갈등까지로 이야기될 수 있다.

■ 평화 기반 조성 확장을 위한 비군사적·탈근대적 접근은 무엇인가?

표 3. 근대성과 탈근대성의 비교 및 탈근대적·비군사적 아이디어
(출처) 필자 구성

근대성 **(Modernism)**	- 합리성 및 이성 중시와 이에 기반한 과학 지상주의 - 대립-갈등 중심의 현실주의 사고 - 개별 국가이익 중심적 대응 - 인류 진보에 대한 낙관적 세계관 - 국제관계 행위자 및 구조에서 주권 중심 강조
탈근대성 **(Post-modernism)**	- 인간 이성과 과학 발전에 대한 회의 - 협력-조화 중심의 새로운 사고 - 인류 문제에 대한 공동체주의적 대응 - 핵전쟁 및 환경적 위험 중시 - 주권에서 인권 중심으로 변화하고 권력관계에 저항
탈근대적 안건 **(Post-modern agenda)**	- 환경, 인권, 노동 - 통상, 금융, 부패 - 사이버, 테러

작은 움직임이라도 평화 환경을 조성하기 위한 안건을 찾는 노력과 고찰은 필요하다. 최근 국제체제는 다시 패권경쟁의 시기로 접어들었지만, 전통적으로 발생하는 위협에 더하여 탈근대적 안건으로 새롭게 제시되는 사이버, 환경, 테러, 노동, 인권 안보 문제에 대한 중요성이 대두되고 있다. 각 국의 근대적 안건에서 벗어나 공통의 삶을 발전시키기 위한 것이라면 마찰을

최소화면서 협력할 가능성이 존재할 것이다. (표 3)

지역적 특성을 고려하여 논할 수 있는 안건을 고르기 위해서는 ①국가의 핵심 이익이나 대립 사항을 벗어나야 한다. ②마찰이나 대립이 최소화되면서 공통의 노력으로 대응할 수 있는 안건이어야 한다. 나아가, ③ 단순히 이유와 명분을 논하는 데서 끝나지 않고 향후 평화 환경 조성으로 방향성을 설정해 나아가야 한다. 이를 위해서는 ④공통의 안건으로 접근을 가능하게 만드는 배경을 형성하는 데 중점을 두어야 한다. 그러기 위해서는 ⑤북방지역과 그 중심축인 중국 및 러시아의 동의 환경이 필수적이고 ⑥대립하는 미국과 서방의 관심 또는 협조가 융합되어 포괄적인 접근이 되어야 한다. 마지막으로, ⑦대한민국이 외교적으로 북방을 잇는 연계자의 역할로서 그 영향력이 확대될 수 있어야 할 것이다.

■ 그렇다면 공통의 핵심 안건은 무엇인가?

앞서 언급한 지역적 특성을 고려해 볼 때 최근 사이버 안보, 테러, 환경에 대한 안건에 대한 가능성이 상대적으로 커지고 있다. 먼저, 사이버 안건은 다양한 국가적, 비국가적 행위자들이 고도화된 사이버 기술을 통해 공간의 제약 없이 국가와 국민의 삶을 위협할 가능성이 있다는 점, 이에 대한 위협을 최소화하는 기술의 발전은 모두에게 공통의 이익을 가져다준다는 점이 존재한다. 이는 전통적인 국가 간 협력을 넘어서 민간 영역 간 협력 또한 요구된다. 현재 사이버와 IT 기술은 미래 사회 모든 지역에 필수적이며, 발전된 지역은 기술의 고도화와 이익을 추구하고 저발전 지역은 인프라 설치와 사이버 환경으로의 접근이 요구된다. 테러 안건에서 자유로운 국가는 없다고 말할 수 있을 만큼 세계 곳곳에서 테러에 대한 심각성은 커지고 있다. 테러 방지의 핵심은 신속한 탐지와 대응이고 이는 신속한 초국가적 공조 없이는 불가능하다. 마지막으로, 현재 인류 전체의 생존에 가장 중요한 요소라 할 수 있는 환경에 대한 안건이다. 특히 인류 자체가 생존할 수 없다면 국가는 당연히 존속될 수 없다는 점과 이미 COP26(제26차 유엔 기후변화협약 당사국 총회)을 비롯한 국제적 차원의 협력이 이루어지고 있다는 점에서 이미 협력의 공감대는 일어나기 시작한 것으로 보인다.

■ 평화의 축을 향해 시작된 발걸음, 대한민국의 역할은?

협력의 가능성은 언제나 제기되어 왔다. 시기는 달랐지만, 평화를 이루고자 하는 다각적인 노력은 멈추지 않았고 그 방법 또한 다양하였다. 그러나 인류 역사 속에서 갈등이 대립으로 번지고, 충돌과 전쟁으로 진행된 비극적 결말들이 꽤 많다. 지구상 가장 크고 오랜 갈등이었던 냉전은 소련의 자체적 붕괴로 종료되었다. 하지만 그 사례를 경험한 신냉전 속 중국은 자체적으로 무너지지 않게 대비할 것이고, 세계 경제의 연결고리를 기반으로 미국과의 패권경쟁으로부터의 후폭풍을 최소화하려 할 것이다. 그러나 미국은 더욱 효율적이고 강력한 방식으로 중국을 압박할 것이기에 두 강대국의 패권경쟁에서 관련국들이 생존하기 위한 전략은 더욱 정교하고 복잡해질 것이다.

앞으로 맞게 될 미래는 지금까지 경험해보지 못했던 행위와, 그에 따라 더욱 커진 파장이 예상된다. '이를 대비하고 새로운 미래를 맞이하기 위해서 우리는 어떻게 해야 할까?'라는 질문은 생존의 문제와 연계될 수 있기에 그 중요성은 앞으로도 증가할 것이다. 이에 평화를 외치는 노력이 단순한 외침으로 끝나지 않는 환경을 조성하는 것은 현재 미국과 중국과의 관계성에서 봤을 때 우리에게는 굉장히 중요한 임무가 될 수밖에 없다. 환경이 조성되었다면, 그 기회를 누구보다 빠르고 효율적으로 이용해야 할 것이다. 다행인 것은 본 장에서 제시된 안건들이 국제사회에서 이전 시대보다 진일보한 위상을 차지하며, 인류의 삶 안에 자리 잡아가고 있다는 것이다. 이와 함께 대한민국의 국력 또한 상승했으며 현 정부에서 한반도 운전자론과 신북방정책이라는 정책을 펼쳐본 경험을 바탕으로 균형자로서 역할을 할 수 있을 것으로 기대해 본다. 이를 위해서는 외부적·내부적 요인이 연계적으로 성숙해지게끔 적극적인 자본과 인력의 투자가 이루어져야 할 것이고, 기회를 놓치지 않는 대전략을 준비해야 할 것이다. 이를 기반으로 동북아를 넘어선 초국적인 평화기반 확대를 위한 대한민국의 역할은 더욱 다각화될 수 있을 것이다. 적극적으로 명확한 방향을 정하고 그 길로 담대하게 나아가길 기대해 본다.

번영과 협력의 경제로 가는 길

■ 중심 국가와 주변 국가 모두를 향한 Two-Track 전략의 필요성

앞서 현재 발생하고 있는 세계 질서에서의 갈등 양상과 해결을 위한 비군사적·탈근대적 협력 안건을 살펴보았다. 북방지역 갈등 대부분은 중국·러시아를 중심으로 형성되었고, 북방지역의 경제와 안보 구조 또한 두 국가를 중심으로 고착화된 위계질서가 형성되었다. 이는 역내 다양한 영역에서 탑-다운(Top-down) 방식으로 의사결정이 이루어지게 하므로 우선 두 국가를 공략할 수 있는 협력 방안을 고려하는 것이 좋은 선택임을 암시한다. 이러한 지역적 환경에서 탑-다운 접근법은 효과 면에서 큰 이점을 갖고 있지만, 본 장에서는 주변국을 중심으로 접근하는 바텀-업(Bottom-up) 전략에 관심을 돌려보려고 한다. 바텀-업 전략을 보완적으로 사용했을 경우 협력의 깊이와 범위가 넓어지면서 그 효과와 지속 가능성도 비례하여 증가할 수 있기 때

문이다. 주변 국가들 또한 (특정 분야일지라도) 발전을
위한 협력이 필요할 것이므로 구체적으로 어떤 안건과
방안이 어느 수준에서 전략적으로 활용될 수 있을지
알아보려 한다.

■ 지역의 중심, 러시아와 중국

다른 국가의 결정과 국제사회를 움직이는 가장 큰
변인은 힘이라 볼 수 있다. 이런 의미에서 중국과 러시
아가 지역에 미치는 영향력을 우선 고려할 필요가 있
다. 특히, 두 국가는 역내 통합을 주도함과 동시에 역
외 국가 및 세계와 부딪히며 인류 발전에 그 영향력을
확대하고 있다. 그리고 최근 탈근대적·거시적 안건(예.
공동체간 다자협력, 비군사적 위협에 대한 대처)에 대
한 잠재적 영향력을 부인해서는 안 될 것이다. 그것은
세계 역사에서 강대국으로서 쌓은 다층적인 경험으로
부터 나올 수 있고, 우리는 이를 국제적 차원의 공통적
요소를 움직일 수 있게 잘 활용할 필요가 있다.

■ 국제적 차원의 공통적 요소는 무엇인가?

현재 국제적 공조가 필수적인 의제는 ①환경과 기후

변화 ②사이버 안보라 할 수 있다. 첫째로, 환경과 기후변화는 인류 공통의 삶을 위협하는 초국가적 안건이자 특정 국가의 힘만으로는 해결할 수 없다. 현재 환경과 기후변화 대처를 위한 다양한 국제적 협력이 진행되고 있는데, 이러한 협력 과정은 물리적 갈등의 발생을 최소화하면서 안건에 대한 주도적 영향력을 확보하기 위한 긍정적이고 온건한 경쟁을 불러왔다. 대표적 사례가 최근 제26차 유엔 기후변화협약 당사국 총회(COP26)에서 중국과 미국 사이에 합의된 '기후행동 강화를 위한 글래스고 공동 선언'이다. 온실가스 및 메탄 감축, 환경 규제 설정, 청정에너지 활용, 탈탄소와 전동화 등 핵심 안건에 대해 양국이 소위 깜짝 합의를 이루었는데, 이는 갈등 중인 양국 상황을 진정시키고 지역 간의 갈등까지 한숨 돌리게 만드는 계기가 되었다고 볼 수 있다.

두 번째로, 사이버 안보 또한 초국가적 안건이면서 인류의 삶에 영향을 미칠 수 있는 국제적 차원의 공공재라 볼 수 있다. 특히, 가상세계는 현재 뜨거운 이슈인 메타버스와 암호화폐기술부터 시작해 의사소통과 자료저장까지 다층적 삶의 질을 높이는 데 도움을 주고 있다. 그러나 기술이 발전할수록 (국가적·비국가적 행위자로부터) 새로운 방식의 위협이 증가하고 있다. 비국가적 행위자가 국가의 시스템을 붕괴시킬 수도 있고, 주식 시장이나 통신·전산의 마비를 통해 심각한 경제적 손해를 초래할 수도 있으며, 의료 체계를 손상해 직접 삶을 위협할 수도 있다. 지난 2007년 에스토니아가 러시아로부터 사이버 공격을 받아 사회·경제적 피해(주요 사이트 폐쇄, 언론사 마비, 정부와 은행 요인을 향한 대량 이메일 공격)를 본 것이 예시가 될 수 있다. 가상 세계는 공간과 활동에 제한이 없는 만큼 위협을 방지하고 추적하기 위해서는 국제적 협력이 필수적이다. 이를 위해 세계사이버스페이스총회(WCIT)나 UN 산하 국제전기통신연합(ITU)에서 국제적 공조를 통해 규제를 형성하는 방안이 논의되고 있다.

상대적으로 두 안건은 국가 간 관계에 있어 핵심적인 이익과 대립에서 벗어나 있고, 물리적 마찰을 최소화함과 동시에 긍정적 경쟁을 불러일으킬 수 있다. 이러한 관점에서 볼 때 자국의 전략이 뚜렷하며 권위주의인 두 국가, 중국과 러시아의 협력을 끌어낼 가능성이 상대적으로 높다고 볼 수 있다. 중요한 점은 이런 안건에 대한 협력은 갈등하고 있는 외부와의 대화를 필수적으로 요구한다는 것이다. UN과 산하 기구를 비롯한 다자간 대화는 물론, 회담을 통한 양자 대화에서도 상대적으로 적은 부담을 갖고 대화가 이루어질 수 있다. 이는 갈등을 조금이나마 완화할 수 있는 긍정적 작용을 할 것이다. 적어도 최소한의 소통 채널을 형성하는 성과를 거둘 가능성이 있다는 점에서도 두 안건에 대한 협력의 중요성에 주의를 기울일 필요가 있다.

현시점에서 대한민국은 두 안건에 대해 지속적인 협의가 될 수 있도록 모멘텀을 적극적으로 형성해 나가야 한다. 이는 바로 평화기반의 번영의 축으로 가는 중요한 발걸음이 될 수 있다. 2013년 서울에서 개최된 세계사이버스페이스총회(WCIT)나 매년 개최되는 국제사이버범죄대응심포지엄(ISCR) 그리고 5월 개최된 서울 녹색미래 정상회의(P4G 서울 정상회의)와 같이 대화에 바탕을 두는 환경과 사이버 협력 소통 허브로서 역할을 확대해 나가는 것이 대표적 사례가 될 수 있다. 이미 한국은 예일대가 조사한 국가별 환경평가지수(EPI)에서 세계 180개 국가 중 28위(아시아-태평양 지역에서 일본에 이은 2위로 생태계 건강성과 지속 가능성에서 높은 수준을 평가받은 것임), 세계경제포럼(WEF)에서 ICT 보급 3년 연속 1위, 국제사이버훈련(CYBERNET)에서 준우승을 차지하는 등 환경-사이버 부문 협력과 소통의 허브로서 그 역량이 증명되었다고 볼 수 있다.

이에 더하여, 서울은 동북아시아 비즈니스의 중심도시이며, 세계 정상급 물동량 역량 및 서비스 수준의 인천국제공항과 교통 환경, 세계 최고 수준의 인터넷 접근성과 속도를 갖추고 있다. 이러한 높은 기술적 성숙도와 탄탄한 인프라를 바탕으로 꾸준한 회담 및 기회 유치 노력을 기울인다면 지속 가능한 협력과 소통의 허브로서 한 걸음 더 다가갈 수 있을 것이다.

■ 주변국을 향해 시선을 돌리면 가능성은 더 확장된다

최근 카자흐스탄과 투르크메니스탄은 중국 일대일로를 자원 수탈에 집중하는 이질적 문화 집단의 제국주의이자 서북공정으로 여기고 반중 감정을 표출하고 있다. 우즈베키스탄은 러시아가 주도하는 유라시아 경제연합에 참여하는 것을 두고 어떤 것이 우즈베키스탄에 더 이익이 되는지 고민하고 있다. 아울러 '판 투르크즘'이라 불리는 우즈벡 중심의 중앙아시아 운동이 진행되고 있기도 하다. 이러한 배경에서 동유럽과 중앙아시아 국가들로의 접근은 중국과 러시아의 헤게모니와 영향력을 침범하지 않는 선에서 그들이 필요로 하는 미시적·세부적 차원에서의 안건 분석이 필요하다. 그에 따른 적절한 의제는 ①산업과 인프라 ②문화와 교육 부문이 될 수 있다. 동유럽과 중앙아시아는 소련 붕괴 이후 저발전 상태에 머물러 왔으며, 제조업과 중소기업 분야에서 어려움을 겪어왔다. 최근 동유럽의 핵심 문제는 국가 간 영토 분쟁이다. 우크라이나는 러시아의 크림 병합으로 촉발된 동부와의 무력 충돌이 극에 달했으며, 이에 지난 11월 2일 러시아가 암묵적 지원에서 나아가 국경에 군대를 집결시켜 긴장감을 높이고 있다. 아르메니아와 아제르바이잔은 캅카스 산맥에 있는 카라바흐 지역의 영유권을 두고 전쟁을 치른 후에도 무력 충돌을 계속하고 있다. 몰도바와 조지아 역시 트란스니스트리아 및 압하지야와 겪어온 오랜 영토 분쟁의 불씨가 사그라지지 않고 있다. 물론, 이런 상황에서는 외부 세력의 접근이 어려울 수 있지만 이란-이라크 전쟁 시절의 경험을 살려 분쟁의 방지와 사후복구를 위한 전력, 천연가스, 철도, 도로를 비롯한 기간산업과 인프라 설치에 대한 도움과 협력을 제안할 수 있을 것이다.

중앙아시아는 동유럽과 비교하면 상대적으로 온건한 상황에 놓여있다. 러시아의 시선이 동유럽으로 향해있으면서 힘의 공백이 발생했기 때문이다. 아울러 이슬람 원리주의와 미국의 영향력 확대를 반대하는 기존 강대국(중국, 러시아)의 느슨한 합의가 이루어져 있기도 하다. 이에 자원개발, 인프라, 건설, IT를 비롯한 다양한 경제적 기회가 풍부한 자원을 바탕으로 탄력을 받고 있다. 또한, 최근 큰 폭으로 증가한 공적개발원조(ODA) 지원을 받으며 성장 기조를 유지하고 있다. 이를 배경으로 우리 정부는 2021년 5월 우즈베키스탄과 무역협정 개시를 공식 선언했고, 8월에는 카자흐스탄 대통령의 방문을 시작으로 자동차와 자원 분야 협력 등 23개의 MOU를 교환했다. 다른 국가들과도 코로나19를 기점으로 보건, 의료협력에서 플랜트 등 산업 분야까지 협력의 폭을 확장해 나가고 있다. 문화와 교육 부문에서는 한국과 중앙아시아 국가들 사이에서 연 8만 명에 이르는 유학생의 인적 교류가 진행되고 있다. 이는 한류와 같은 문화적 요인과 융합하여 중앙아시아 대중과 엘리트 모두를 대한민국과 연결하는 인적 네트워크를 형성하고 있다.

이러한 협력 과정에서 효율을 높이는 또 다른 요인

은 중견국 외교에 대한 노력과 긍정적인 이미지이다. 먼저, 최근 한국은 독자 외교를 강화하는 노선을 시도하면서 중견국 외교에 공을 들이고 있다. 이번 정부가 대통령 직속으로 북방경제협력위원회를 설립하여 북방지역에 집중하는 것, 최근 대통령이 비세그라드 그룹(체코, 헝가리, 폴란드, 슬로바키아로 구성된 중부 유럽지역 협력체) 정상회의를 찾은 것이 이러한 맥락이다. 아울러 급속한 성장을 이룬 배경이었던 동아시아 및 권위주의 모델을 합리화하기 좋다는 점, 강대국(중국, 러시아, 미국, EU)보다 거부감이 적다는 이점이 있다. 또한, 우랄-알타이 민족을 바탕으로 상호 외모와 인식에서의 유사점도 바텀-업 방식의 협력을 이루는 데 도움이 될 수 있을 것이다.

■ 북방지역으로 향하는 이유: 국가의 생존과 이익 달성을 넘는 대(大)전략의 수립

중심과 주변 국가들을 향한 협력 방안과 전략 수립에 있어 공통의 목적은 '북방지역을 향한 대한민국의 영향력 확대'일 것이다. 그렇다면 한국 정부가 북방지역에 대한 영향력을 확대하려는 이유는 무엇이고 궁극적인 목표는 무엇일까?

분단 이후 북한은 소련과 중국을 중심으로 하는 사회주의 세력과 관계를 맺었고 두 국가를 오가며 이득을 취해왔다. 그러나 사회주의의 몰락과 함께 북한의 내외부 상황이 악화하였음에도 상황 개선보다 핵무기 개발을 단행하였고, 국제사회의 다양한 제재는 북한의 핵무기 개발을 막을 수 없었다. 최근 북한은 핵을 보유하는 것에 그치지 않고 SLBM(잠수함발사탄도미사일) 등 다양한 투발 수단을 발전시켜 한반도와 국제적 안보를 해치고 있다.

대한민국 정부는 북핵 문제를 초기부터 해결하고자 부단히 노력해왔다. 반목, 유화, 제재 등 북한을 직접 대상으로 하는 수많은 방법이 시도되었지만 모두 무위로 돌아갔다. 북한은 이란식, 파키스탄식, 리비아식 해법을 비롯한 모든 협상 방법으로의 핵무기 해체와 평화 정착을 거부했으며, 2018년과 2019년 진행된 미국과의 정상회담과 같이 필요한 상황에서만 적당한 행동을 취하며 본인들이 원하는 것을 얻으려 했다.

이러한 북한에 의해 단절된 북방지역에 대한 영향력 확대는 동북아를 넘어서는 평화기반 확대와 경제적 번영의 축을 형성하는 데 목적을 둬야 하며 합리적 균형자이자 조력자로서 그 지역의 발판의 역할을 해야 한다. 동시에, 평화·통일 환경 조성이라는 중대한 목표와 연계되어야 한다는 점을 잊지 말아야 한다. 북한이 평화적으로 핵을 포기하거나 국제사회로 편입되지 않을 가능성을 항상 염두에 두고 북방지역의 평화적·경제적 번영의 환경 조성을 통해 싸우지 않고 승리하는 것이 바로 대전략의 기초가 될 것이다. 이는 세계평화와 번영으로 향하는 또 하나의 씨앗이 될 것이다.

비군사적, 탈근대적, 거시적 협력으로 정리되는 러시아·중국과의 협력은 궁극적으로는 한반도와 통일에 대한 두 국가의 이해관계를 변화시켜 평화를 바탕으로 한 통일 환경을 조성하기 위함이다. 또한, 세부적, 직접적, 미시적 협력으로 정리되는 동유럽과 중앙아시아를 비롯한 주변국과의 협력은 중견국 외교를 통한 국제사회의 지지를 얻기 위함이다. 지정학적으로 미중이 만나고 아시아에서 태평양으로 진출하는 유력한 길목인 한반도가 어느 한 세력에게 균형을 넘기지 않으려면 협력과 소통의 허브로서 국제사회에서의 영향력을 확장해 나가야만 한다. 강대국 국제정치의 비극에서 시작

된 한반도 역사는 협력과 소통을 통해 평화의 시작점
으로 전환될 수 있다는 것을 잊지 말아야 할 것이다.
그것이 곧 평화·통일 환경 조성으로 나아가는 한 걸
음, 한 걸음이 되어 갈 것이다.

우리가 북방으로 진출해야 하는 이유는 평화·통일
환경을 조성하고 번영의 미래로 나아가야 하는 데 있
다. 국제사회를 위협하는 요소의 성공적 관리와 해체
를 통해 대한민국의 위상과 지속적인 발전을 위해서이
며, 궁극적으로 세계평화와 경제번영에 기여하는 것임
을 되새겨야 할 것이다.

05

새로운 길, 경제기반 문화적 접근

■ 문화적 접근은 왜 필요한가?

국가 간 관계는 공공영역으로서 외교적 관계, 민간 영역으로서 경제적 관계로 구성될 수 있다. 그리고 두 영역은 상호 연동되어 국가 간 관계를 형성한다. 전통적인 국제관계 이론에서는 외교 관계와 경제 관계는 정적인 인과관계에 놓인다고 말할 수 있다. 즉, 외교적으로 국가 사이의 관계가 강화되는 시기에는 경제협력이 확대된다는 의미이다. 물론, 반대의 경우 적용되지 않은 사례(예. 최근 사드 문제 직후 한국과 중국의 무역 관계가 오히려 확대된 경우는 공공영역의 문제가 민간 영역의 관계에 영향을 미치지 않는다는 증거가 된다)가 존재하며 이러한 방향성이나 인과성에 대한 논의는 복잡성을 띄지만 꽤나 흥미롭다. 현재 다수의 연구들이 크게 정치·경제 시스템의 유사성과 차별성(예. 민주주의와 사회주의, 동맹국과 비동맹국, 시장자본주의와 공산주의, 산업구조 등)으로 국가 간 관계를 설명·분석

하는데 집중되어 왔다. 그러나 각국의 경제적 이익 극대화와 외교 관계에 있어 최소한의 위험요소에 대한 노골적인 목적의 표출은 수신자로 하여금 비우호적 요소를 만들어 내기도 한다. 이는 나아가 국가 간 또는 개인 간 협력에 있어 역작용을 유발하는 요소가 되기도 한다. 이러한 비우호적 요소를 최소화 또는 경감하는 것은 평화기반 확장을 위해 필수적이라 할 수 있다. 이 장에서는 상대방과의 공통된 요소를 끌어내는 것, 특히 문화적 공통점을 통한 접근이 좋은 방안이 될 수 있다고 제안한다.

오랜 기간 민주주의, 자본주의와 같은 가치는 서구를 중심으로 많은 국가의 지지를 받아온 가치 체계이다. 이러한 가치 체계는 각 국가 내에서 혹은 특정 공간에서의 생태적, 역사적 요소들을 반영하며 지역의 특수성을 형성해 나간다고 볼 수 있다. 이번 장에서는 공통의 행위를 유발하는 가치, 규범에 대한 포괄적인 문화적 요소에 집중하고 그에 기반하는 북방지역 국가들 간 문화적 접점이 될 수 있는 문화 개념을 제시하고자 한다. 이러한 문화접점 식별의 시도들은 국가 간 평화를 수반하는 경제적 번영과 협력의 새로운 대안이 될 것이라 기대한다.

■ 문화란 무엇이고 북방지역의 문화적 접점은 무엇인가?

문화란 오랜 기간 '공간, 집단 등 일상생활에서의 가치와 정체성'(Pender, Weber, Johnson, and Fannin, 2014, *Rural wealth creation*, Flora and Flora, 2004, *Rural communities: Legacy and Change* 참조)에 투영된 것이고 생태적(ecological), 역사적(historical) 변혁과 이와 상호작용하는 사회-정치적 제도(socio-political institutions)를 반영한다(이러한 개념적 논리의 전개는 Uz, 2015, *The index of cultural tightness and looseness among 68 counties* 참조). 인류학자인 Pertti J. Pelto는 '문화를 경직성(tightness)과 유연성(looseness)의 정도에 따라 분류할 수 있다'고 설명한다. 이에 더해, 미국의 문화 심리학자인 Michele J. Gelfand에 따르면 '문화 경직성은 개인들이나 그 사회가 규범(norms), 가치(values), 행동(behaviors)에 대한 변동성(variation)을 어떻게 볼 것인가에 대한 인식(perceptions)을 가리킨다'고 설명한다. 또한, '문화 경직성이 생태학적, 역사적 요소(예. 인구 밀집도, 자연재해, 자원 부족, 질병 등), 사회-정치적 제도(예. 정부, 미디어, 교육, 법, 종교 등)에 기반을 둔 사회적 규범과 그 위반에 대한 용인(tolerance)의 정도를 반영한다'고 설명한다. (그림 7) 문화 경직성-유연성이론에 따르면, 자연재해, 침략, 자원의 부족, 질병 등에 노출이 더 많은 집단/지역일수록 그러한 위협요소로부터 생존하기 위해 더 강한 규범과 제재가 형성될수 있다. 이렇게 형성된 규범을 용인하는 정도는 사회적 규범과 가치에 의해 작용되고 그것을 위반했을 경우를 강하게 인식하고 제어가 된다면 문화 경직성이 높은 사회라 지칭한다.

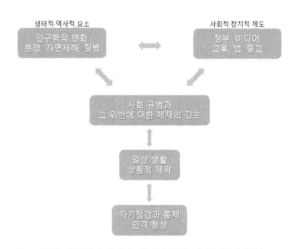

그림 7. 문화 경직성-유연성의 개념적 체계 (출처) 필자 구성 노트. Gelfand, M. J. et al. (2011). Differences between- tight and loose cultures: A 33-nation study. *Science, 332,* p. 1102. 참조.

■ 지리적·역사적 요소를 공유한 북방, 접점으로서의 문화 경직성의 의미는 무엇인가?

북방지역의 지리적 연속성을 기반으로 한 생태적·역사적 연계성은 그 안에 속한 행위자들의 다양한 진화과정에 영향을 끼칠 것이라는 가정을 할 수 있다. 또한, 그 연계성이 만들어지는 진화 과정에서 오랜 기간 한 지역 또는 특정 공간의 문화를 형성해 왔을 것이다. 유라시아를 포함하는 지리적 연속성을 공유하는 북방지역은 190여 개가 넘는 민족이 존재하는 만큼 다양한 생태적·역사적 진화과정들이 존재하지만, 그 안에서 이미 다양한 문화적 접점은 발견되어 왔다(예. 언어, 인종적 유사성, 농업사회의 문화 유사성). 이는 지리적 연속성이라는 요소가 오랜 기간 북방을 포함한 광활한 유라시아 대륙에 공통적으로 영향(예. 실크로드를 통한 문명교류와 이를 통한 문화 유사성 형성, 러시아의 시베리아 남쪽 바이칼 지역에 거주하는 부랴트인과 한국인의 유전자 일치 연구결과, 미국 메모리대 연구소 참조)을 미쳐왔다는 의미로 해석될 수 있다.

벨라루스(낮음) 러시아(낮음)
우크라이나(낮음)
카자흐스탄(높음)
몰도바(높음) 중국(높음)

범 례

■ 문화경직성 낮음
□ 문화경직성 높음

그림 8. 문화 경직성-유연성 기반 세계 지도 (출처) 저자 제작 노트. 북방지역의 문화 유연성을 나타내는 국가들도 대체로 문화 경직성과 유연성 경계에서 나타남.

그렇다면, 지리적 연속성을 기반한 문화적 개념으로 세계를 구분할 수 있을까? 일반적으로 세계를 6대주 즉, 지리적 연속성을 갖는 6개의 큰 땅덩이, 아시아, 유럽, 아프리카, 남아메리카, 북아메리카, 오세아니아로 구분할 수 있다. 흥미롭게도 세계를 6대주, 즉 지리적 연속성으로 구분한다면 앞서 설명한 문화 경직성-유연성은 대체로 지리적 연속성이라는 요소에 따라 구분된다. (그림 8) 다민족으로 구성된 북방지역이 각각의 다양성을 가지고 갈등을 겪으며 진화되어 왔지만 동시에 소통과 통합을 끌어낼 수 있는 문화적 유사성과 지리적 연속성을 함께 공유하고 있다는 점이 중요한

북방: 번영의 경제, 평화 외교의 축

의미가 될 수 있다. 이는 북방지역이 하나의 문화공동체 혹은 문화 허브로서의 잠재력을 지닌 것을 의미하고 문화라는 소프트파워를 기반으로 한 새로운 문명공동체에 대한 나침반이 될 수 있는 잠재력을 가졌다고 볼 수 있다.

■ 문화 경직성은 왜 중요한가?

그림 8에서도 알 수 있듯이 오랜 기간 형성되어 온 문화 경직성-유연성에 대한 지역적 유사점은 우리의 오랜 우호국이자 경제 협력국인 미국 또는 서유럽 지역보다 북방과 더 가깝게 공유되고 있다. 미국을 중심으로 한 서유럽 또는 서구 선진국들은 대체로 문화 경직성이 낮게 또는 문화 유연성이 높게 나타나고 있고, 한국을 포함한 동아시아 지역, 그리고 본 고에서 정의하는 북방의 경우 대체로 문화 경직성이 높게 나타난다. 중요한 것은 이는 결코 인위적 노력으로 짧은 시간에 형성될 수 없는, 오랫동안 형성되어 온 문화를 기반으로 자연스럽게 형성된 접점이라는 것이다. 또한, 문화 경직성-유연성은 그 지역의 정치·경제적 요소를 반영하고 서로 상호작용하며 형성된 것이다. 그러므로 국가 간 정치·경제적 관계를 강화하는 데 있어 문화

적 접근을 연계하는 연결고리로서 중요한 의미를 갖는다고 볼 수 있다. 예를 들면, 중국의 문화 경직성과 권력자본 경제 체제와의 연결고리, 중국의 문화 경직성과 지역 경제발전 메커니즘과의 연계성, 중국과 서구 자유주의 시장경제 체제 국가들과의 문화 경직성 차이에 따른 사회경제 현상과의 연결고리를 푸는데 주요한 단서를 제공할 것이다.

좀 더 일반화한다면, 북방 지역과 서구 시장 자유주의 체제 국가들과의 문화 경직성 차이에 따른 정치·경제 시스템 작동의 차이 즉, 문화적 현상을 정치·경제 현상과 연계하여 그 지역의 보편성, 특수성에 대한 이해를 높이는 데 도움이 될 것이다. 이는 지역 간 문화 경직성-유연성에 대한 유사성을 보이더라도 그것이 형성된 역사적-생태적 상호작용은 서로 다른 각각의 지역 특수성을 반영하기 때문에 지역의 개별성에 대한 연결고리가 될 수 있다. 이에 더해 문화적 유사성, 즉 문화접점을 기반으로 공공외교와 경제협력에 활용한다면 국가 간 마찰을 최소화하면서 평화적인 국제질서 환경 조성에 긍정적 영향을 미칠 것이다. 국가 간 관계를 강화하는 데 있어 문화적 접근법은 상대 국가에

대한 이해도를 강화하고 궁극적으로는 평화적인 환경
을 조성하는 데 기여할 것으로 기대한다.

06

맺음말

■ 마치며

본서에서 다룬 내용을 되새기며, 우리가 북방에 대해 현재 알고 있는 것과 미래에 나아가야 할 방향은 무엇인지 생각해보고자 한다. 먼저, 1장에서는 북방지역의 범위, 현 대한민국 정부가 추진하는 신북방정책과 왜 북방이 우리에게 중요한지에 대해 알아보았다. 북방지역은 대통령 직속 북방경제협력위원회가 정한 14개 국가 5개 지역으로 나누어지며, 유라시아 지역과 연계성 강화를 위한 한반도 신(新)경제지도 실현을 목표로 두고 3대 원칙과 8대 이니셔티브를 설정하고 있다. 이와 함께 러시아의 군사 자동개입 조항을 폐기하게 했던 안보적 순기능 사례와 북극항로 및 지역 균형 발전전략에서의 경제적 잠재력을 바탕으로 북방에서 우리가 얻을 수 있는 이익과 번영의 지속성을 확인하였다.

2장에서는 북방지역의 경제구조를 기반으로 경제협력 확장에 있어 시사점을 도출해 보았다. 북방지역 대부분은 과거 소련을 중심으로 하는 계획경제체제였지만, 소련 붕괴 이후 중국의 급격한 발전으로 현대에는 두 핵심축인 러시아와 중국을 중심으로 하는 지역적 수준의 구조가 형성된 것을 확인했다. 중국은 일대일로 전략을 통해, 러시아는 유라시아 경제연합을 통해 위계적인 구조 강화를 지속적으로 시도하고 있으며, 북방 국가들의 대(對)중, 대(對)러시아의 높은 경제적 의존성은 이를 뒷받침하고 있다. 이에, 핵심축인 두 국가와 그에 따른 지역 특수의 구조를 모두 고려하는 협력 방안이 필요하다는 것과 다자협력 및 한반도-유라시아 연계에 대한 가능성을 강조하였다.

3장에서는 북방과의 협력을 위한 평화기반 외교·안보 안건으로의 접근법을 강조했다. 북방을 이끄는 핵심축인 러시아와 중국은 역사 속에서 꾸준히 외부와 갈등해 왔는데, 현재 중국을 중심으로 러시아 및 사회주의 세력이 재강화 되는 양상을 보이며 이전 냉전과는 또 다른 미국과의 갈등이 진행되고 있다. 이를 해결하기 위해 사이버, 환경, 테러와 같은 탈근대적 안건

과 이것이 갖는 비(非)전통적, 대립적 특징을 제안하며
적용 가능성을 확인했다. 이러한 안건에 대한 협력의
공감대는 이미 시작되었고 나아가 대한민국이 이러한
공감대에 대한 어떠한 정책적 방향을 취해야 하는지
제안하였다.

4장에서는 북방지역의 중심축(러시아 및 중국)과 중심
축을 구성하는 주변 국가들(동유럽 및 중앙아시아 국가
들)을 구분하여 분리·적용 가능한 Two-Track 전략을 제
안하였다. 중심 국가를 향해서는 환경과 기후변화, 사이
버 안보에 관한 공조를 언급하며 대한민국이 협력과 소
통의 허브 역할을 담당하길 주문했다. 주변 국가를 향해
서는 산업과 인프라 구축, 문화와 교육, 중견국 외교 부
문에서의 협력 가능성을 확인했다. 나아가 Two-Track 전
략이 북한의 핵무기로 단절된 북방으로의 영향력 확보
를 통해 평화·통일과 번영의 미래로 나아가는 데 필요
한 대(大)전략이 될 것을 기대했다.

5장은 국가 간 관계에 있어 문화적 접근의 필요성과
중요성에 대해서 다뤘다. 문화적 접근은 비우호적 요
소를 경감하여 평화기반 확장에 필수적이며, 이를 위

한 문화 개념, 문화 경직성-유연성을 바탕으로 국가 관계를 증진할 수 있는 접근법을 제안하였다. 북방지역과의 지리적 연계성을 바탕으로 우리가 문화 유연성을 가진 서구(미국, 서유럽)보다 높은 문화 경직성을 보임으로 북방지역에 더 가까운 문화적 접점이 형성되어 있음을 확인했다.

특히 문화 경직성-유연성 기반 접근은 문화적 현상을 정치·경제 현상과 연계해 지역의 보편성과 특수성에 대한 이해를 높이고 지역의 개별성에 대한 연결고리가 될 수 있다고 제안한다. 이는 서구 시장 자유주의 체제 국가들과 다른 문화적 특수성을 지닌 북방지역에 접근하는 중요한 연결고리가 될 수 있다. 또한, 이러한 문화적 접근을 통한 공공외교와 경제협력의 진행과정은 국가 간 관계 수립에 긍정적 영향을 미칠 것으로 기대한다.

북방지역은 우리가 지금까지 중점을 두고 교류해온 서구와는 다르며 우리와 어쩌면 더 가까운 정치·경제를 아우르는 문화 체계의 유사점을 공유하고 있는 새로운 세계로의 잠재력과 매력을 충분히 가졌다고 볼 수 있다. 북방으로의 적극적인 진출은 북한의 핵무기 보유로 더욱 위태로워진 동북아시아와 신냉전 체제로 갈등하는 세계를 다시금 평화와 번영의 축으로 되돌리기 위한 새로운 열쇠이자, 대한민국과 북방지역을 잇는 평화와 번영의 허브 국가로 탄생시킬 기회다. 이를 위해 위기를 기회로 바꿔온 지난 역사의 지혜를 동원해 다름에서의 마찰을 줄이고, 유사한 부분으로의 확장을 통해 내·외연을 연결하는 접근이 필요하다. 대한민국에서 시작되어 북방으로 뻗어갈 새로운 평화·통일 환경 조성이라는 뿌리가 견고하게 자리 잡을 그날을 기대해 본다.